神様がくれた風景

やまはなのりゆき

いのちのことば社

はじめに

漫画家としてデビューしてから、早いものでもうじき三十年になります。北海道の小樽《おたる》で、中学校教師の父と英語塾を経営する母の次男として東京オリンピック開催の年に生まれたテレビっ子です。小学校低学年から漫画を描き始め、中学に入って恋愛漫画にハマり、漫画家を志《こころざ》したのが十七歳の時。十八歳で上京し、大学在学中に念願のプロデビューを果たしました。

結婚をし、子どもが生まれ、人気作家になることを夢見て、必死に突っ走った二十代。作品が次々とヒットし、テレビやラジオで放送され、飛ぶ鳥を落とす勢いの三十代。

そこでハッピーエンドとなれば良いのですが、でも、人生にはまだ続きがある。その先、僕を待ち構えていたのは高慢、息切れ、倦怠感《けんたいかん》と出口の見えない行き詰まりでした。道で倒れ、渇き、瀕死《ひんし》の状態の僕を見つけ、水をくれ、手当てをしてくれた人がいる。

それが、イエス・キリストです。

クリスチャンになって早十二年が経ちました。クリスチャンとは〝キリストとともに生きる人〟という意味です。人生を走る自分の車に、キリストが乗っている人といない人。そんな違いでしょうか。

女房もしくは旦那を乗せている？　いやいやそれはダメ。人にはそれぞれ自らが運転しなければならない車があるのです。人生、生まれるも一人、死ぬも一人です。

この本は、その二つの生き方を経験した僕の人生の一コマ一コマを切り取って、水彩画とエッセイにしたものです。どっちが良いとか悪いとかではなく、それまでどんな生き方をしてきたのか。その後、どう変わっていったのか。ちょっと興味のある方にのぞいていただきたいと思って形にしてみました。

手にとってお読みいただければ幸いです。

思い出の
12か月

ソリ遊び

「1月と言えばソリかな？」

北海道の小樽《おたる》生まれの道産子《どさんこ》頭《あたま》はすぐにそんなふうに考えてしまいます。

冬、小樽は海があるため積雪は豊富。港町なので坂が多く、ソリで滑るコースには事欠きません。ソリ遊びが大好きだった僕は、毎日飽きもせず家の前の坂を、陽《ひ》が暮れ、辺りが暗くなっても延々と滑っていました。

「ボクが滑ってくれるから雪が潰れて雪かきをしなくてすむわ。ありがとね」なんて、坂の上に住むオバさんから思いもよらない感謝の言葉をいただくとうれしくなって、調子に乗ってさらにハッスル。

兄と、幼なじみたちと、従兄弟《いとこ》と、親友と、そしてわが子どもたちと。風を切って雪の中を滑降《かっこう》する記憶はどれもすべて楽しく、皆笑顔。大はしゃぎ。

僕の頭の中にある「子どもの頃の楽しい記憶・冬編」フォルダを検索《けんさく》すると、真っ先に「ソリ遊び」に行き着いたのは、思い出がそこにいっぱいつまっているからなのでしょう。

漫画を描く

小さい頃から絵を描くのが好きでした。
鉄腕《てつわん》アトム、オバQ、おそ松くん、ジャングル大帝。
そんなものに囲まれて育った世代です。

小学校低学年から漫画を描き始め、クラスの人気作家となり、『ブラック・ジャック』や『がきデカ』『巨人の星』の真似っこみたいなギャグ漫画ばかりを描いていた僕でしたが、中学生になると少女漫画に夢中になりました。恋愛漫画が好きだったのです。

漫画を描くことの楽しさに本気でのめり込んだのは高校時代。あだち充《みつる》先生が少女誌から少年誌に流れて来て、その作品の魅力《みりょく》のとりこになったことがきっかけでした。それでも飽きっぽい僕はすぐに放り出してしまったのですが、その描きかけの漫画が友人に見つかり、彼の強い後押しで、一本の長編漫画を描き上げたのです。そのときの爽快感と達成感は今でも忘れられません。

それから受験勉強そっちのけで漫画ばかりを描く毎日が始まりました。漫画を描くのが楽しくてたまらなかった十七、十八歳の頃。夢が見つかった喜びと、その夢に向かって猪突猛進《ちょとつもうしん》するエネルギーに満ちていました。

THE
みゆき
PANAM

雪の日

高校時代、漫画家になるという夢を抱いた僕は、窓の外、降り続ける雪を眺めながら、作品のアイデアを考えることが多くありました。無数の大きな雪片が延々と降る様は幻想的で、飽きずに眺めていました。

友人はその雪を窓から水鉄砲でシューティングするという遊びを思いつき、「やってみなよ」と促《うなが》され、やってみたら、そりぁ楽しいのなんの。空想にふけるよりもシューティングに興じるようになったのでした。

横浜に住む今、雪を見る機会は少なくなりました。雪景色の中から多くのひらめきをもらっていた、その貴重な泉を失ってしまったわけですが、クリスチャンとなった今は、多くのインスピレーションは日曜日の礼拝からいただいています。

聖書のことば、賛美歌のメロディーを耳にし、教会に集まる個性豊かな人々を見ながら、いろいろなことを考え、イメージするのは本当に楽しい。聖書を読むと、世界の名作の多くがこのズッシリとした書物の中から発想され、生まれていることがわかります。僕たちクリエイターにとって、聖書はアイデアの泉でもあるのです。

卒業式

子育てをしていると、子どもを通して初めての経験ができるという恵みと、自分が経験したことをもう一度経験できるという二通りの恵みをいただきます。

親として経験する卒業式には、自分が体験したものとはまた違う感動が用意されています。卒業生たちの力強い歌声は、この日、一つ荷物が肩から降りた親たちの胸に深くジンと響くのです。

そういえば、僕の高校の卒業式には父が来てくれたっけ……。どういう理由か、父が「卒業式、行ってやるよ」と言ってくれたのです。うれしかったな。あの日、父はどんな思いだったのだろう。自分が子にしてあげたことはよく数えるけれど、自分が親にしてもらったことは数えていない。人って薄情なものですね。子どもが恩知らずに感じるのは、目の前の夢と希望に夢中で、周りの人の配慮に全く気がついていないからなのでしょう。

雪解けの春の足元のぬかるみも気にならぬほど遠く未来を見据える彼らに、イエスの道を語りたい。

「あなたのみことばは、私の足のともしび、私の道の光です」(詩篇119篇105節)。聖書は人生の地図なのだと。

わが子の誕生

初めてわが子を抱いた感動は忘れられません。

長女の泣き声はとても大きく、深夜の病院に響き渡り、僕はその生命力の強さにジンときました。可愛い長女の産声に比べて、長男のときは「ヴァー！」という大きなダミ声に驚かされ、次男はベッドでスヤスヤ眠る穏やかな寝顔が初対面となりました。

子育ては、毎日がまるで戦争のようで、余裕なんてなかったけれど、それでも今振り返ると、子どもたちが小さかったあの頃が人生のいちばんの花だったなと近頃つくづく思うのです。こんな小さな存在が、次第に歩き、話し、笑わせてくれたり、怒らせてくれたり。一人の人格として徐々に形成されてゆくプロセスを見ることができるのはまさに子育ての醍醐味と言えるでしょう。聖書は子育ての恵みをこんなふうに語っています。

「見よ。子どもたちは主の賜物《たまもの》、胎《たい》の実《み》は報酬である。若い時の子らはまさに勇士の手にある矢のようだ。幸いなことよ。矢筒をその矢で満たしている人は。彼らは、門で敵と語る時にも、恥を見ることがない。」

（詩篇127篇3～5節）

5月の庭

シャボン玉は、俳句では〝春〟の季語《きご》だそうです。語源であるポルトガル語の「さぼん」は、石鹸《せっけん》の意味。

わが家のお向かいの奥さんはシャボン玉が好きなようで、愛息《あいそく》とシャボン玉で遊んでいる姿をよく見かけます。わが家にも、娘がシャボン玉を飛ばし、まだ歩き始めたばかりの長男がそれを追いかけているスナップ写真が残っています。シャボン玉で遊んだ記憶をたどってみると、高く上がるその虹色の泡と一緒に見た空を覚えています。あれは昭和四十年代の空。皆それぞれ、シャボン玉で遊んだ記憶には、自分の少年少女時代の空が一緒にインプリンティングされているのでしょう。こんな楽しい絵を描いているときはこの聖句が頭に浮かびます。

「いつも喜んでいなさい」（テサロニケ人への手紙第一5章16節）

以前、この絵と同じ構図の水彩画をブログに載せたことがあって、「まるで天国のような絵ですね」とコメントをいただいたことがありました。

妻と一緒にガーデニングをしたり、子どもたちと一緒に庭で焼肉をしてみたり。五月の庭は僕にとってまさにＪＯＹ《ジョイ》、幸福の構図です。

小樽の海

札幌《さっぽろ》から小樽《おたる》行きの汽車に乗り、琴似《ことに》〜手稲《ていね》〜銭函《ぜにばこ》と二十分ほどすると海岸線が見えてきます。明治一三年に開通したこの鉄道は、今も健在。明治の頃、この海には「春告魚《ハルツゲウオ》」と呼ばれる鰊《にしん》の大群が押し寄せました。海は銀色に輝き、カモメが飛び交い、漁師たちは先を競って舟を漕ぎ出し、浜は水揚げの活気に満ちていました。母や祖母から聞いたそんな話も今となっては遠い昔の話。

高校時代、札幌に通う僕は三年間ほぼ毎日この列車に乗り、この海を眺めていました。あの頃は窓が開閉自在で、人の少ない気持ちの良い日は窓を大きく開けて海風を顔いっぱいに受けていました。多感だった高校時代、小樽の海は様々な僕の感情を受け止めてくれたのです。

近頃、小樽が舞台の漫画を描き始め、ちょくちょく戻ることがあるのですが、小樽も随分変わりました。国道沿いの商店が消え、シャッター街となり、駅前のアーケードも閑散としてしまったようです。両親も亡くなり、友も去り、故郷が少しづつ遠くなる……。

でも、小樽の海の風景は、今もあの頃と変わらないのです。

父親として

長男が生まれて「なんとかしなければ！」と考えたことが二つあります。

一つはペンネーム。実は、かつて僕は女性名で漫画家デビューし、ずっとそのまま放ったらかしにしていました。これはいつか必ず息子が大きくなったときに笑われると思い、人気連載の真っ最中でしたが、すぐに変えることを決めました（編集部は大騒ぎでした）。

もう一つは考え方について。「人を殺してはいけない理由」をまだ小さな長男にどう教えたらいいのかという問題に直面したのです。長女に「女の子が身体を大切にしなくてはならない理由」も。どちらも、子どもにもわかる簡単な言葉で説明できない自分に愕然《がくぜん》としました。

その頃、ポツリポツリ通い始めた教会の礼拝で、講壇《こうだん》で語る牧師さんの顔を眺めながら、この人ならきっと「それは神様が禁じているから」と説明するだろうなと考えていました。なんと簡単な答えか。これなら子どもでもわかる。ならばまず、自分自身が聖書をキチンと読んでみないと……。こうして、僕のキリスト教の求道は始まっていきました。

の丘教会
右折
松ヶ枝
3-5
文
春日市

Mの白いズボン

雨には、ほろ苦い思い出があります。幼なじみのMのことを思うのです。小樽の東の小さな町に父が家を建てた頃、辺りにはまだ家も少なく、あるのはほんの数軒。Mの家はそのうちの一軒で、同い年の僕らはすぐに友達になりました。気が合い、毎日遊び、兄弟のように時間を共有しました。けれど、じきに一軒また一軒と家が建ち、同じ年頃の少年たちが次々に引っ越してきて、僕は次第にMと距離を置くようになりました。

少々不器用で運動オンチだったMは、新しい輪の中に入ることができず、次第にいじめられるようになってゆきました。僕もいつしか、皆に合わせてMをいじめる側になり、Mはずいぶん悲しい思いをしたと思います。

小学三年の雨の日のこと。

僕はその日、Mと一緒に帰る約束をしていました。おそらく僕から誘ったんだと思います。Mがその日履いていた買ったばかりの真っ白なトレパンと、うれしそうな笑顔を今でも覚えています。ところが、日頃から行ないが悪かった僕は何かの理由で、居残って掃除を手伝うようにとクラスの女子に言われます。

今日は帰りたい、Mが待っている、と頼んでもダメ。困った僕は、Mに先に帰って、と話しました。

だがMはどうしても僕と一緒に帰りたかったのでしょう。その女子と交渉を始めました。引き下がらないMにその女子は窓から見える赤土の土手を指差し、「あそこ、お尻で滑ったら帰してあげる」と言いました。外は雨、土手は赤土。Mが履いていたのは純白のトレパン。

Mは「わかった」と言ってその土手に登り、ためらいもなく土手を滑って見せました。しかも続けて三回も。

「さぁ、のりちゃん帰ろう」

Mの笑顔に、僕は号泣しました。Mはお母さんに怒られるでしょう。真っ白なズボンを泥だらけにしてまで、僕と一緒に帰ることを選んでくれた。彼をいじめていた自分が本当に汚らしく思えました。自分の罪というものが目の前に迫ってきた大きな体験でした。

その後、Mは僕のかけがえのない親友になります。二十七歳の時に事故で亡くなってしまいましたが、親友であることに今も変わりはありません。

桜町の家

父が家を建てたのは、僕が三歳の時。建設会社を経営していた母の父、つまり僕の祖父が施工《せこう》してくれました。この頃の記憶は鮮明です。

それまで僕たち家族は、小樽の中心部から少し外れた町の小さな木造アパートに住んでいて、まだ幼かった僕は父と母が家を建てるということの意味も理解できず、バスでゆらゆら、遠くの町の山の上にある骨組みだけの家を頻繁《ひんぱん》に見に行くこの不思議なピクニックをはしゃいで楽しんでいました。

いよいよ家が完成し、今日からここに住むと言う段になって、事の次第を理解できない僕は、「ねぇ、お家《うち》に帰ろう。お家に帰ろうよ」と父の腕を引っ張って、父を困らせたそうです。父はそんな僕を見て、随分切ない気持ちになったと後々話してくれたことがあります。

両親と兄と僕、そして愛犬エンリー。この家で僕は浪人時代までの約十五年間を過ごしました。

「ボクんチ」から「オレの実家」、そして「小樽じい

ちゃん、ばあちゃん家」と呼び名が変わり、二〇〇五年三月に父はこの家で天に召されました。そして後を追うように同じ年の八月に母が逝き、両親が亡くなった今もこの家はまだ建ち続けています。

翌年の冬、苗字の違う表札がかかるようになったこの家を見に行ったことがあります。

「パパ、寂しい？」

小学生の長男がそう聞いてくれました。その質問に少々こみ上げるものがありましたが、僕の両手には子どもたちの手のひらがある。

「寂しくないよ、パパには君たちがいるからね」

長男の少しホッとしたような笑顔が可愛い。その手をギュッと握りしめて、雪積もる家の前の下り坂を、家族五人で走り抜けました。小樽市桜町五丁目の坂の上。今もこの家は健在し、人の生活を包んでくれています。

港北ニュータウン

「家を建てよう！」。僕がそう思い立ったのは三十四歳のときでした。週刊誌での連載が始まり、漫画家として軌道に乗った頃で、スタッフも増え、彼らが寝泊まりする部屋の必要に迫られたのです。

土地を求めてあちこち探し、二年かかってたどり着いたのが横浜市にある港北ニュータウンでした。多くの公園が点在し、その公園を十五キロにわたってグルリと緑道が結ぶ。緑と子ども、家族連れの多い活気ある街で、とても気に入っています。僕が今せっせと通う教会は、わが家からわずか徒歩五分の所。家を建てた当初は教会の存在など気にもとめず、気がつきもせず。まさかそこがその後の僕の人生に大きな転機をもたらすとは……。

これをクリスチャンは〝神様の導き〟と言います。ただの偶然と考えるのか、神の導きと考えるのか。この思考の選択で人生のとらえ方は大きく変わってゆく。自分がこの世に生まれたのはただの偶然と考えるのか、それとも神の計画と考えるのか。

神様の導きで引っ越したこの町。そこで僕はイエス・キリストと出会うことになるのです。

小樽の夏

小樽の人口のピークは、一九六四年。それは奇遇《きぐう》にも僕が生まれた年で、思い出してみると、たしかに僕がまだ子どもだった頃の小樽はどこへ行っても活気があって混雑していました。

夏の海岸には子どもがあふれ、男の子が大勢いて賑やかでした。男というのは残酷で、カニや魚をオモチャにして遊ぶなんて当たり前。仲間がけっこう本気でおぼれていても皆ケタケタ笑って眺めているし、カナヅチを自称していた僕を「怖がってないで飛び込んじまえよ」と、テトラポットから海に蹴落とすすごさ。しかし、なんとそれで泳げるようになったのだから不思議。男たちは皆、そんな愛ある（?）乱暴やいたずらの中で互いに揉み揉まれ、たくましく育っていったのです。

小樽は港町ですから、教会も多く点在します。教派は知らねど、あちこちに十字架は立っていました。

友人たちも、教会の日曜学校に朝わざわざバスに乗って遠くまで出かけていました。

見慣れないカードを持っている友人に、「何それ?　どうしたの?」と聞くと、「日曜学校でもらった」と言う。

「にちようがっこう?」

いぶかしがると、すかさず別の仲間が「行けばクッキーとか貰えるんだぜ」「やまはなも行く? 連れてってやろうか?」

行きたいような、どうしようか……。

クッキーは食べたい。しかし、勉強嫌いの僕は、「日曜日にも学校なんて……」まっぴらゴメンと断ったのでした。でも、正直行ってみたかった。「教会」ってどんな所だろう、と内心思っていたものです。

郵便はがき

恐縮ですが
切手を
おはりください

164-0001

東京都中野区中野 2-1-5

いのちのことば社

出版事業部行

ホームページアドレス　http://www.wlpm.or.jp/

お名前	フリガナ	性別	年齢	ご職業
		男・女		
ご住所	〒	Tel.　(　　　)		
所属(教団)教会名		牧師　伝道師　役員　神学生　CS教師　信徒　求道中　その他　該当の欄を○で囲んで下さい。		

アドレスをご登録下さい！

携帯電話 e-mail:

パソコン e-mail:

新刊・近刊予定、編集こぼれ話、担当者ひとりごとなど、耳より情報を随時メールマガジンでお送りいたします。お楽しみに！

ご記入いただきました情報は、貴重なご意見として、主に今後の出版計画の参考にさせていただきます。その他、「いのちのことば社個人情報保護方針（http://www.wlpm.or.jp/info/privacy/）」に基づく範囲内で、各案内の発送などに利用させていただくことがあります。

いのちのことば社＊愛読者カード

本書をお買い上げいただき、ありがとうございました。
今後の出版企画の参考にさせていただきますので、
お手数ですが、ご記入の上、ご投函をお願いいたします。

書名

お買い上げの書店名

町
市　　　　　　　　　　　　　　書店

この本を何でお知りになりましたか。

1. 広告　いのちのことば、百万人の福音、クリスチャン新聞、成長、マナ、信徒の友、キリスト新聞、その他（　　　　　　　）
2. 書店で見て　3. 小社ホームページを見て　4. 図書目録、パンフレットを見て
5. 人にすすめられて　6. 書評を見て（　　　　　　　）
7. プレゼントされた　8. その他（　　　　　　　）

この本についてのご感想。今後の小社出版物についてのご希望。

◆小社ホームページ、各種広告媒体などでご意見を匿名にて掲載させていただく場合がございます。

◆愛読者カードをお送り下さったことは（　ある　初めて　）
ご協力を感謝いたします。

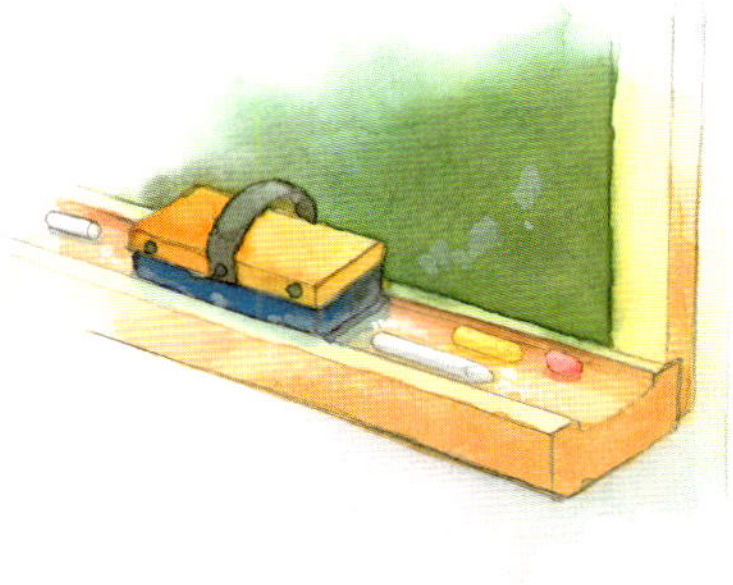

父のバイク

父は中学校の教員で、雨の日も雪の日もバイクに乗って学校に通勤していました。時々僕を後ろに乗せて山道を走ったり、海に連れて行ったりしてくれました。しがみついた父の背中は大きく、たくましく、頼りがいがあって、その後ろにいれば僕はいつも安心でした。

僕が漫画家になることをいつも応援してくれていました。キャッチボールをしてくれました。父の球は速くて重かった。お酒を飲み、タバコはピースを吸い、時に母を泣かし、時に母に怒られていました。そして、過去の何かを悔やんでいた。生徒たちの反発を受け、バイクを壊されたこともあるようです。それでも、生徒たちに根気よく接し、ついには和解。彼らの卒業式にはともに抱き合い、涙を流したと、うれしそうに話してくれました。僕は父が大好きでした。

父が亡くなった年のお正月のこと。

まさかその三か月後に亡くなるとは思いもせず、朝、僕は父の布団に入って話をしていました。キリスト教とは何なのか、聖書には何が書いてあるのか。どうして僕が信仰を持つようになったのか。

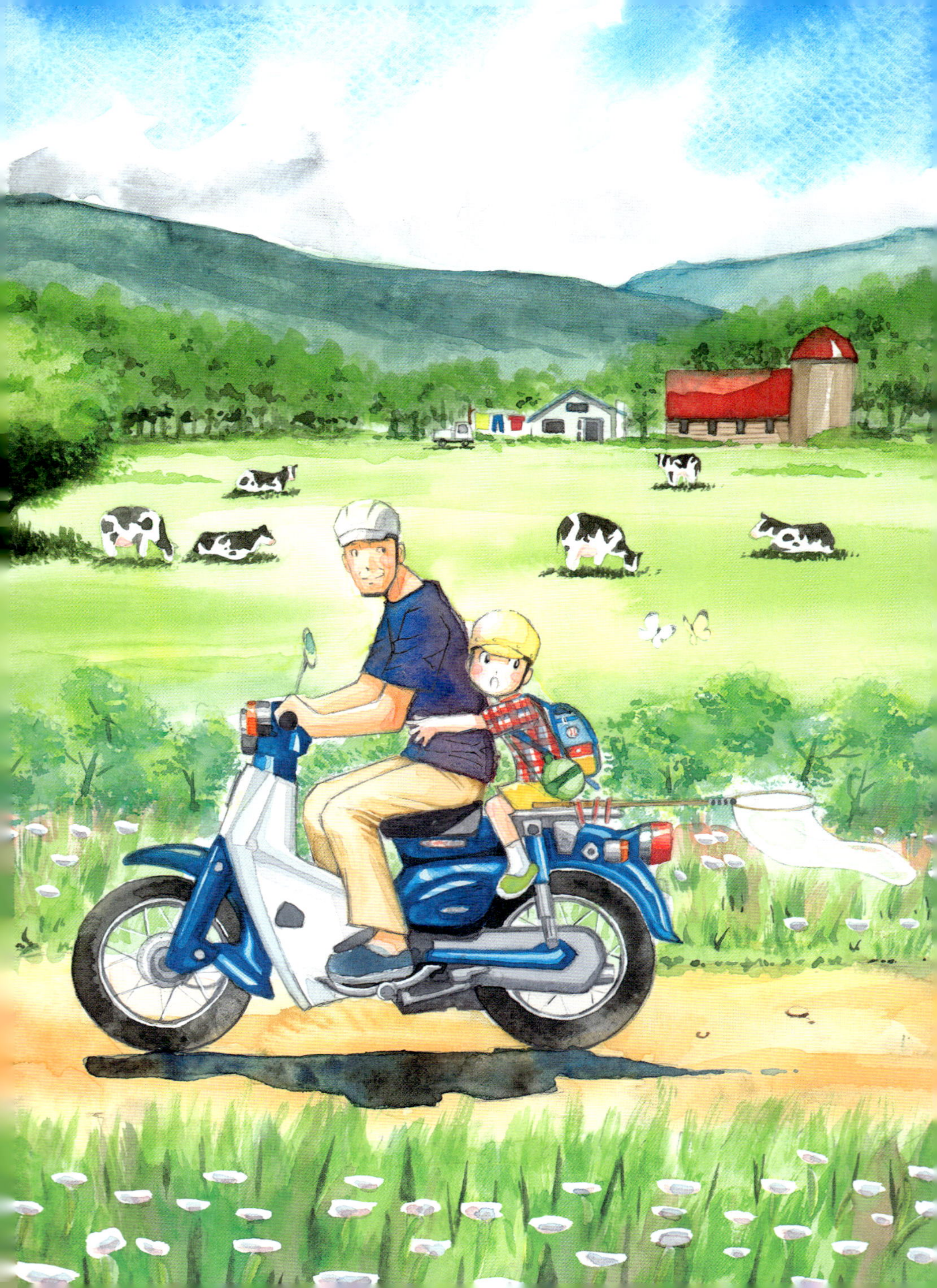

当時、小学六年生だった娘を呼び、「おじいちゃんにイエス様の十字架の意味を教えてあげて」と頼むと、娘はものすごくわかりやすく、十字架について、罪について、赦しについて、天国の希望について、見事に説明してみせたのです。

「へぇ、そうだったの。へぇ、そうなんだ」と父。

その日、僕らは北海道の実家から横浜の家に戻るので、子どもたちと皆で輪になって祈りをささげました。父と母もその輪に加わってくれて、ともに祈り、そして僕らは別れました。それが、父を見た最後です。

帰りの車中で、妻が「お父さん、あなたが祈っている最中、ずっと何度も何度も胸で十字架を切ってたわよ」と教えてくれました。本当にうれしかった。

それはまさに父の信仰告白。父は、その年の三月に天に召されました。父のような父親でありたい。それが、子を持つ僕のささやかで大きな目標なのです。

Mと見た風景

もう一度、親友Mのことを語ろうと思います。

小学校後半に大きく開いてしまった僕とMの間の溝は、中一の頃から徐々に修復し、お互いの気に入らないところを指摘し合い、互いに自己を修正しつつ、僕らは再び歩み寄っていきました。

そして、中二の頃には毎日べったりくっつくほど仲の良い昔の関係を完全に取り戻していました。

Mの感受性が僕は好きでした。星を見ても、雪を見ても、虫の声を聞いても、草原に横たわり流れる雲を眺めても、僕らはいつも一緒に感動していたのです。

中学・高校時代、人間の最も多感な時期に〝彼〟という感性の持ち主と一緒に時間を過ごせたことは僕の人生の大きな財産です。

そして彼は、僕の漫画の初めてのファンになってくれました。あれほど彼が僕の漫画に共感し、あれほど続きを描くようにしつこく背中を押してくれなかったら、僕は漫画を描き続けていただろうかと思うのです。

漫画家になって苦労することが多い現在、「お前があ

のとき、背中を押さなけりゃ」などと、心の中のMに恨み節を言うこともしばしあれど、こんな素敵な仕事をいただいている今、やっぱり漫画家になれて良かったなとMに感謝しています。

家に帰ろう

叱《しか》られて家を飛び出し、遊んでいるときは夢中で叱られたことさえ忘れているけれど、いざ家に帰ろうと玄関まで来ると、「また怒られるかな」そう思って、なかなか家に入れない。子どもにとって、親に見捨てられるのではないかという不安ほど心細いものはない。勇気を出してドアを開けたとき、「おかえり」の一言にホッとする。こんな経験だれにでもあるのではないでしょうか。

僕が教会に初めて出向いたのは、三十七歳の時。子どもたちに手を引かれて門をくぐりました。恐る恐るで、少々照れくさい気のする初訪問でしたが、中に入ると不思議な安堵感があったのを覚えています。まさに「おかえり」と言われたような。

「狭い戸口からはいるように努めなさい。事実、はいろうとしても、はいれない人が多いのだから。」

（口語訳聖書　ルカによる福音書13章24節）

当時の僕は一軒家を建てて、漫画の人気は絶好調。でも内実は、埋めることのできない不安や虚しさに押し潰されそうになっていました。「ここへ貴方《あなた》の荷を下ろしなさい」そんなふうに言ってもらった気がしたのです。

十五夜の月

北国北海道では秋の到来《とうらい》は早く、八月のお盆を過ぎれば雲は高くなり、夜にはキリギリスの声と共に秋の空気がスーッと流れ、急に冷え込みます。

僕の父も〝昭和の父〟ですから、お酒好きだったわけです。あの頃の父親たちは飲んで帰るのが男の甲斐性《かいしょう》と思っていたのか、そう刷り込まれていたのか。

「お父さん遅いねぇ……」。父の帰りを待ち、不安気にため息をこぼす母。風呂の窓からは、中秋《ちゅうしゅう》の月が覗いていました。さびしそうな母を見て、僕は「大人になったら、お酒も飲まず、タバコも吸わない。仕事が終わったらまっすぐ家に帰る!」。そう固く月に誓ったのです。

ところがその後、酒、タバコ、夜遊びに興じる悪漢《あっかん》になってしまったのですから、本当に罪って怖い。「私には、自分のしていることがわかりません。私は自分がしたいと思うことをしているのではなく、自分が憎むことを行っているからです」(ローマ人への手紙7章15節)

キリストと出会い、今はもうおかげさまでそれらとは縁遠くなりました。お月さんも僕の二度の変化に、さぞや驚いていることでしょう。

G

出発(北口)

娘の旅立ち

「もっと美人に描いてよ」。横で長女が笑っています。

高校卒業後、成田空港から留学先のオーストラリアへ出発した娘。今、彼女はすでに四年間の留学生活を無事に終え、就職し、英語を使ってバリバリ働いています。

留学中、娘が言葉の壁に悩んでいた時期がありました。ネイティヴのように話せない自分の英語力に限界を感じていたようです。しかしそれから一年と数か月後、「パパママやったよ! 私、ついに壁を越えたよ!」

長いトンネルの後の娘の勝利宣言でした。僕たち夫婦にとってもうれしい瞬間でした。娘はそれを「まるで自分に翼が生えたようだ」と表現していました。

留学四年目、必要な学費と生活費をすべて振り込み終えたその日、「パパ、お疲れさま」妻が握手を求めてきました。そうだ、一人の子育てが終了したんだ。なんとか娘を自立させることができたのは、神の憐れみです。

「私が植えて、アポロが水を注ぎました。しかし、成長させたのは神です。それで、たいせつなのは、植える者でも水を注ぐ者でもありません。成長させてくださる神なのです」(コリント人への手紙第一3章6、7節)

水彩画の色彩

クリスチャンがよく使う言葉に、「ゆだねる」というフレーズがあります。未来を自分の思う理想的な方向に行かせようとあくせくするのではなく、「ゆだねる」といった使い方をするのでて、結果を神に「ゆだねる」といった使い方をするのですが、信仰を持って生きることを決意した後に大きく混乱したのが、この「ゆだねる」の実践でした。

　これまで七転八倒、必死に生きてきた身には、どうも理解できなかったのです。

　あるクリスチャンが、「何もしないで寝てろってことか?」と、寝てばかりいたと書いているのを読んだことがありますが、全くしかりで、いらだって寝ることに決め込んだ経験が僕にもあるのです。

「あなたの若い日に、あなたの創造者を覚えよ」（伝道者の書12章1節）と聖書にあるのは納得です。

　水彩画を描く作業はまさに「ゆだねる」の実践です。水をたっぷり紙にふくませ、水で薄めた数色の絵の具をポタポタと落としてゆく。にじみの効果を狙ったこの作業は、あとは水と絵の具の自然な動きに任せるだけ。どんな絵になるか、結果は神にゆだねるしかありません。

さつき野
新津
荻川
SATSUKINO
旅
秋の日光

秋の庭

妻と一緒にする庭の手入れが楽しい。僕はこの時間を愛しています。結婚して、三人の子どもが与えられ、早二十五年。その間、僕に歩調を合わせて二人三脚で歩んでくれた彼女はかけがえのない親友であり、ともに人生の荒波を乗り越えてきた戦友です。これまでにどれだけ彼女を傷つけ、悲しませてきたでしょう。これからもたくさんの出来事があるでしょう。人生が一人で歩むものならそれはつらい。けど、彼女とともに歩む人生ならそれは楽しいと思えるのです。

夫婦だから、生活だから、喧嘩《けんか》もします。世の多くの夫婦が関係をこじらせて、修復できずに心がどんどん離れています。これは僕のごく身近でもある話で、本当に心を傷める悲しいことです。その解決法は僕にはわからないけれど、僕ら夫婦の間にはイエスの十字架がありま す。これがなかったらただ相手を責めて、二人の距離は時間を重ねるほど広がっていったでしょう。君と出会えて本当に良かった。ありがとう。これからもよろしく。

「しっかりした妻をだれが見つけることができよう。彼女の値うちは真珠よりもはるかに尊い」（箴言31篇10節）

落ち葉

「人が埋もれるほどの落ち葉に憧れていた」と妻が言う。北国の秋は短く、落ち葉はすぐに雪に埋もれてしまう。十八歳で上京し感動したのは、春の桜と、落ち葉の円舞《ロンド》の美しさでした。

子どもたちがまだ幼かった頃、近所の緑道へよく一緒に散歩に出かけました。広い公園が色とりどりの落ち葉で埋めつくされ、それを山盛り抱えてはしゃぐわが子の姿は絵本のワンシーンのような愛らしい記憶です。

キリストに出会う前の僕は怒りっぽく、よく怒鳴る悪い父親でした。子どもたちは僕の顔色をうかがいながら過ごしていました。けれど、神はこの小さな家族を憐れみ、信仰を持って生きる家族に変えてくれました。

しっちゃかめっちゃかなところもありますが、自慢の子どもたちです。彼らがこれからの長い人生の中で神から離れ、自分勝手に生き、迷い、光や道を見失うことがたとえあったとしても、立ち返るべき基軸を知っていることは親として大きな安心。信仰という道筋を残してゆくことが、僕と妻の最も大きな仕事だと思っています。

あの日の教室

一九七二年の小樽市桜町小学校二年二組の教室の冬の日の一コマ。これは四十四年前の僕と妻の絵です。

この日、僕とマサコちゃんは体育を休み、教室に残りました。おぼろげな記憶の中、マサコちゃんの着ていたコバルトブルーのセーターの色はクッキリと目に焼きついています。マサコちゃんの家と僕の家は真逆に位置していたので、一緒に帰ったことも、遊んだこともなかったけれど、彼女の成績が良いことも分かっていたし、ピアノが弾けることも、そして絵がとても上手なことも知っていました。だからクラスの皆がマサコちゃんに一目を置いていたし、僕も彼女にそっと憧れていました。

この時、僕のほうから彼女に話しかけたのを覚えていますが、僕は緊張していたと思う。だからこんなにもこの場面を鮮明に記憶しているのでしょう。

この二年後、マサコちゃんは父親の転勤で最北の地、稚内《わっかない》へ。でもまさか、十九年後東京で再会し、そして彼女と結婚するなんて。神様だけがこの時すべてをご存知だったのです。とある冬の日の記憶。これは神様からの貴重なプレゼントです。

じかんわり
月 火 水 木 金 土
2-2

クリスマス

故郷・小樽に教会は多く、子どもの頃、妻も日曜日には教会へせっせと通っていたようです。

家を新築した時、すぐ近所に教会があると言うので、妻は子どもたちを通わせました。自分の子ども時代の名残でしょう。クリスマス、子どもたちが降誕劇に出演するからと妻に急《せ》かされ、父として足を踏み入れたのは教会ではなく近所の会館でした。教会は狭いからと、その日だけ借りた会場で僕はその人たちに出会ったのです。

牧師は人形を片手に腹話術をし、牧師夫人は絵本を丸ごと暗記して読み聞かせるという離れ業をしていました。ある同世代の男性は子どもと一緒に劇に出演し、ある男性は子どもたちにクッキーを配っていました。今までに会ったことのない種類の人たちだと思いました。何が彼らをこうさせているのか。僕の興味は、彼らを動かしている〝何か〟に向けられました。

あれから十五年。

今、彼らは僕にとってかけがえのない友となり、家族同然の存在になりました。教会、そこはイエス・キリストを中心とした〝神の家族〟が集う場所なのです。

土曜日の家庭礼拝

わが家では、毎週土曜の夜に〝家庭礼拝〟なるものを行っています。これがもう十数年続いています。その目的は、子どもたちに聖書を読む習慣を身につけてほしいから。

小さかった頃は皆喜んで参加していたこの時間が、成長とともに面倒になるようで、中学生になるとぐずりだし、高校生になると不満を言い、大学生になると参加する回数が大幅に減るというのが今のところの流れです。

それでもこの時間には大きな意味がある。彼らがやがて家庭を持ち、子育てと仕事に追われ、人生の大変さを知り、僕ら両親がこの世を去った後、どこかのタイミングで必ず、このことを思い出すからです。

聖書は子どもたちに「父と母の訓戒《くんかい》と教えに従え」と説いた後に、その理由をこう語ります。

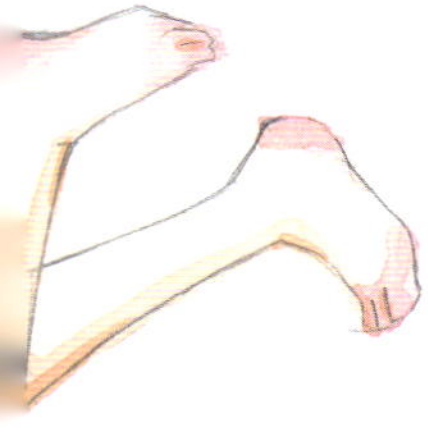

それらは、あなたの頭の麗《うるわ》しい花輪《はなわ》、
あなたの首飾りである。（箴言1章9節）

人と神を結ぶパイプは、通常断ち切られています。その周波数は短波《たんぱ》ラジオのように受信困難で、必死に合わせようとしなければその電波を捉えることはまずできません。詰まった管の通りをほんの少しでも良くするために、家庭礼拝は神様からの賜物《たまもの》、祝福なのです。

マンガ
母がもらった天国への切符

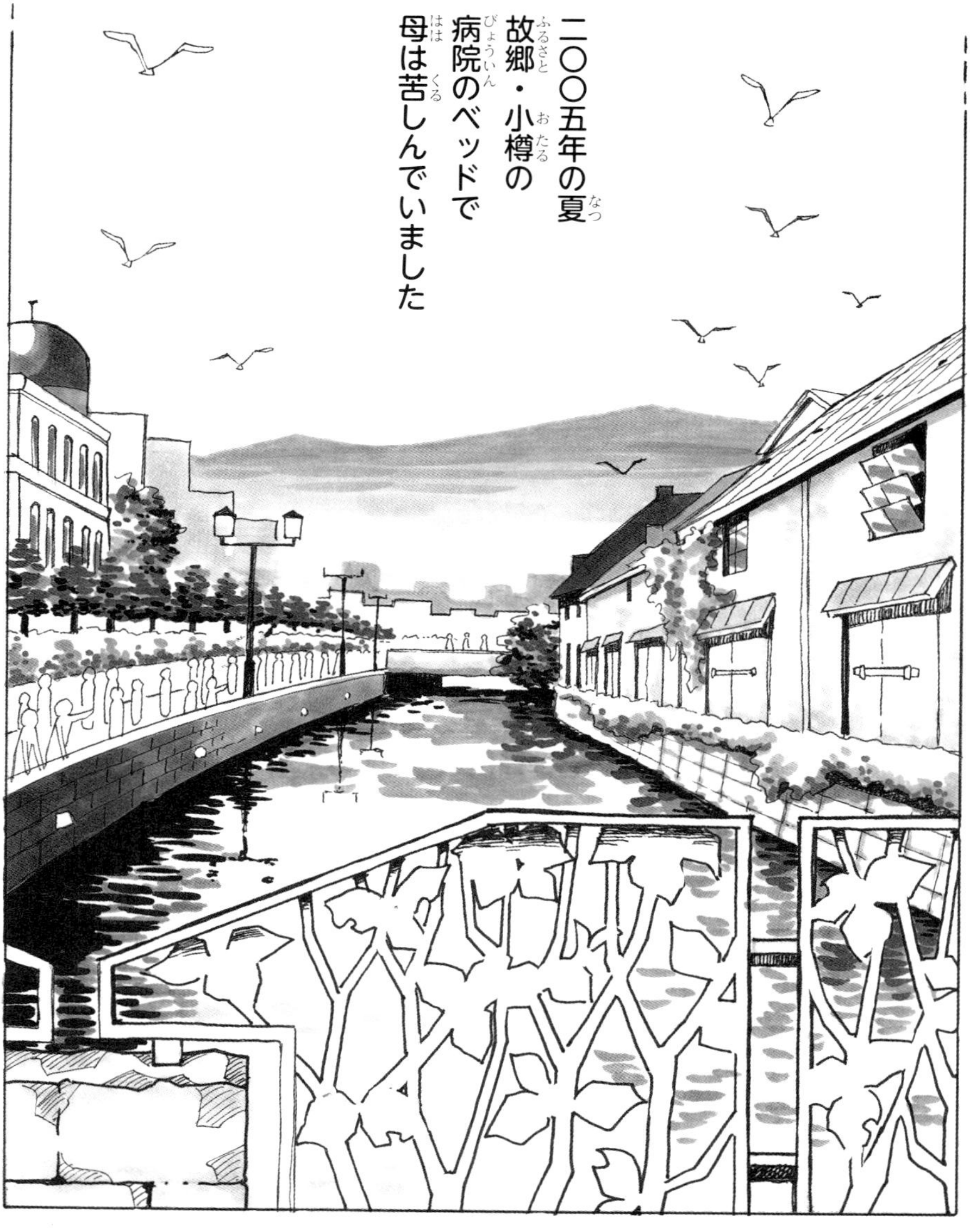
二〇〇五年の夏《なつ》
故郷《ふるさと》・小樽《おたる》の
病院《びょういん》のベッドで
母《はは》は苦《くる》しんでいました

長《なが》い間《あいだ》患《わずら》ってきた
C型肝炎《がたかんえん》が
まだ六十九歳《さい》の母《はは》を
死《し》へと近《ちか》づけていました
オタルイナホ病院
内科
外科
横浜《よこはま》にいる僕《ぼく》に
兄《あに》から連絡《れんらく》があり
僕《ぼく》は急《いそ》ぎ母《はは》の元《もと》へ
かけつけました
ピ
ピ
ピ
は
は
は
母《はは》は
とても
苦《くる》しそう
でした

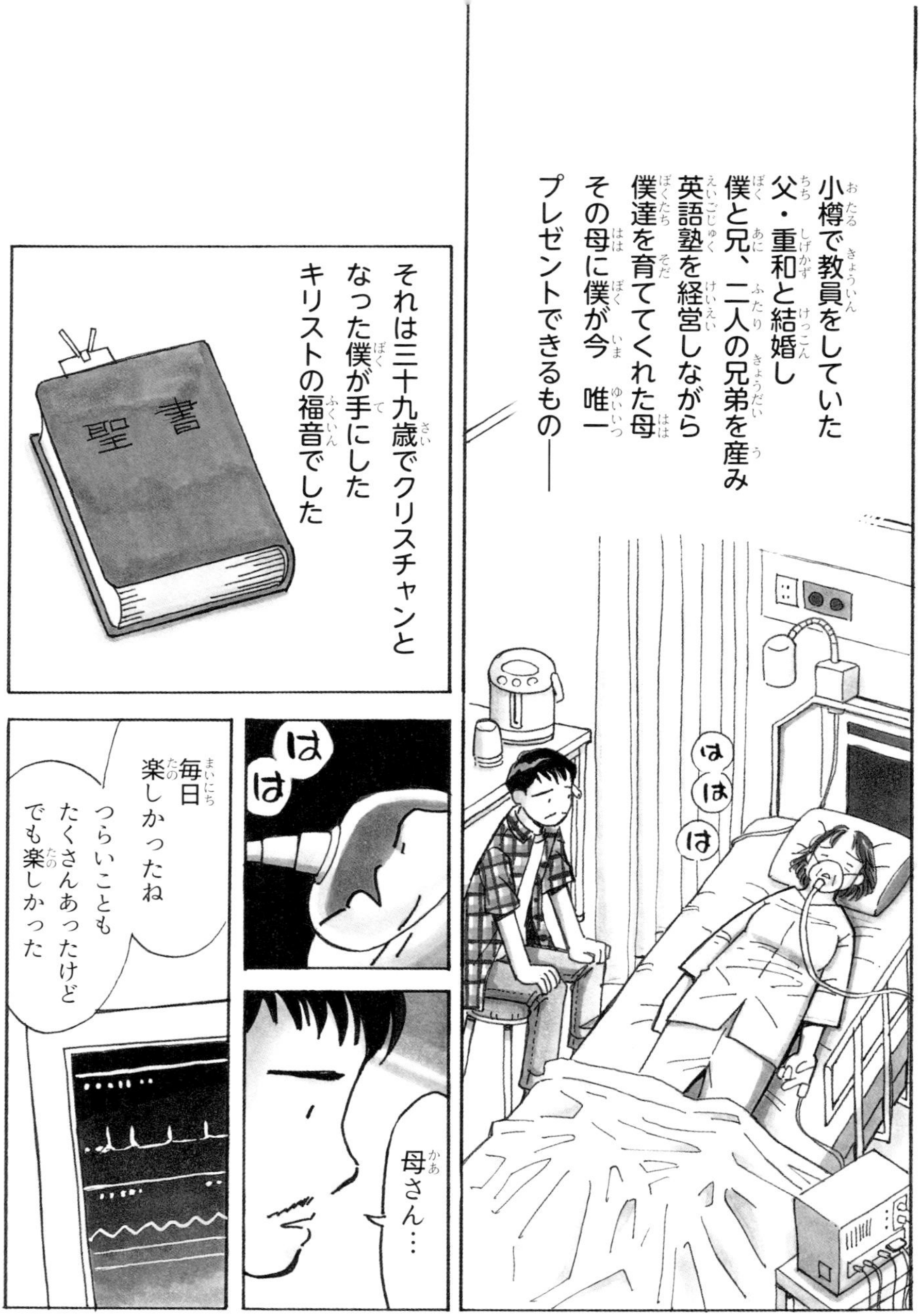
小樽《おたる》で教員《きょういん》をしていた
父《ちち》・重和《しげかず》と結婚《けっこん》し
僕《ぼく》と兄《あに》、二人《ふたり》の兄弟《きょうだい》を産《う》み
英語塾《えいごじゅく》を経営《けいえい》しながら
僕達《ぼくたち》を育《そだ》ててくれた母《はは》
その母《はは》に僕《ぼく》が今《いま》　唯一《ゆいいつ》
プレゼントできるもの——
ははは
聖書
それは三十九歳《さい》でクリスチャンと
なった僕《ぼく》が手《て》にした
キリストの福音《ふくいん》でした
はは
母《かあ》さん…
毎日《まいにち》楽《たの》しかったね
つらいことも
たくさんあったけど
でも楽《たの》しかった

僕《ぼく》たち
よくケンカしたよね
母《かあ》さんの
料理《りょうり》は
すごく
美味《おい》しかったよ
いっぱい
働《はたら》いてくれたね
一生懸命《いっしょうけんめい》
育《そだ》ててくれたね
怒《おこ》ったね
笑《わら》ったね
一緒《いっしょ》に泣《な》いたことも
あったよね

人《ひと》を愛《あい》する努力《どりょく》も
たくさんしてたね
がんばってたよね
あの頃《ころ》はまだ子《こ》どもで
気《き》づかなかったけど
今《いま》ならわかるよ
はっ
はっ
はっ
働《はたら》く母《かあ》さんが
好《す》きだった
スーツを着《き》て
車《くるま》に乗《の》って
カッコ良《よ》くて

母《かあ》さんは
僕《ぼく》の自慢《じまん》で
憧《あこが》れだったよ
けど漫画家《まんがか》に
なることには
ものすごく反対《はんたい》したよね
コラ!! また勉強しないで
漫画ばっかり描いて!
本当《ほんとう》に
ありがとう
レオピン
薬局
でもね 母《かあ》さん
必死《ひっし》に生《い》きて
精一杯《せいいっぱい》がんばったけど

人《ひと》を傷《きず》つけてしまったこともあったかもしれないね
人《ひと》を悲《かな》しませたり困《こま》らせてしまったり
悪《わる》いことをしたなと今《いま》でも後悔《こうかい》していることもきっとあるよね
あのね母《かあ》さん…

それが罪《つみ》なんだ 人《ひと》を傷《きず》つけたり うらんだり ねたんだりすること
それが聖書《せいしょ》の言《い》う罪《つみ》なんだよ
その罪《つみ》があると天国《てんごく》には入《はい》れない
神様《かみさま》は聖《きよ》いお方《かた》だから

少《すこ》しでも汚《けが》れた者《もの》を天国《てんごく》に入《い》れてあげたくても入《い》れることができないんだよ
キリストはね…
母《かあ》さんのその罪《つみ》のためにそしてすべての人間《にんげん》が持《も》っている罪《つみ》のために十字架《じゅうじか》にかかったんだ

その十字架《じゅうじか》の前《まえ》に
自分《じぶん》の罪《つみ》を認《みと》め
悔《く》い改《あらた》める者《もの》は
赦《ゆる》されて
天国《てんごく》に入《はい》れる
約束《やくそく》がもらえる
↓天国
天国 ゆき
それが福音《ふくいん》なんだ
それが聖書《せいしょ》が
語《かた》っていることなんだよ
聖書
母《かあ》さん…
キリストを
信《しん》じて
ほしい

僕《ぼく》はまた天国《てんごく》で母《かあ》さんに会《あ》いたいんだ

昏睡《こんすい》している母《はは》のそばで
僕《ぼく》はそのことばをくり返《かえ》し
賛美歌《さんびか》を歌《うた》い
その夜《よる》は明《あ》けてゆきました
明《あ》け方《がた》 母《はは》の症状《しょうじょう》は 少《すこ》しずつ回復《かいふく》し
典之《のりゆき》さん
お義母《かあ》さん 目《め》を さましたわよ
昨夜《さくや》の苦《くる》しみがウソのように 母《はは》はぱっちりと目《め》を 開《あ》けていました
パチ!
母《かあ》さん!

典之《のりゆき》 母《かあ》さん イエスさまを信《しん》じているよ
母《かあ》さん… イエスさまを信《しん》じているよ

なんという
温《あたた》かな時間《じかん》だったでしょう
ケンカの多《おお》かった
僕《ぼく》と母《はは》の
生涯《しょうがい》で最《もっと》も安《やす》らかな
そして　最後《さいご》の
幸福《こうふく》な時間《じかん》でした
数日後《すうじつご》、母《はは》・幸子《さちこ》は召天《しょうてん》
帰《かえ》らぬ人《ひと》となりました
二〇〇五年《ねん》八月《がつ》のことです

あれから
早《はや》十一年《ねん》…
また
いつの日《ひ》か
天国《てんごく》で
母《はは》に会《あ》える
父《ちち》に会《あ》える
その聖書《せいしょ》の約束《やくそく》と
確信《かくしん》と希望《きぼう》が
今《いま》もいつも
僕《ぼく》の心《こころ》を
喜《よろこ》びに満《み》たすのです

人《ひと》は心《こころ》に信《しん》じて義《ぎ》と認《みと》められ、口《くち》で告白《こくはく》して救《すく》われるのです。

ローマ人への手紙《てがみ》 10:10

For it is with your heart that you believe and are justified,
and it is with your mouth that you profess your faith and are saved.
Romans 10:10 （NIV）

おわりに

水彩画を描くようになったのは、クリスチャンになってからです。学生時代には好きで水彩画をよく描いていたのですが、プロになり、劣等感の強い僕は、すぐに周りのカラーが上手な作家さんたちの仕事と自分の仕事を比較して、落ち込み、それまで楽しかった色塗りの作業をつまらないものにしてしまいました。

三十代後半から教会に通い始め、やがて洗礼（バプテスマ）を受け、教会の集会のチラシのイラストなどを描かせていただいたりすると、教会の皆さんがその絵を大変喜んでくれました。こちらが照れてしまうほど喜んでくれるその姿にうれしくなり、学生時代に感じていた〝水彩画を描く楽しさ〟を思い出し、少しずつまた水彩画を描くようになりました。

そうするうちに、いのちのことば社さんから水彩画のお仕事をポツポツいただくようになり、そして今回、「水彩画とエッセイで本を一冊作ってみませんか」というお誘いを受けたのです。

「〝イエス・キリストの十字架〟の意味がわかったときに、それまで白黒だった周りの世界が一変。カラーに変わった」

これは、僕の通う教会の牧師夫人の言葉です。

この本は、「人生がつまらないな」「こんなはずじゃなかったのに」と生きづらさを感じている方に、聖書と出会ってぼくがどう変わったのか、〝聖書をもとに生きる〟とはどういうことなのかを、ほんの少し紹介したくて描きました。この本を企画・編集してくださった、いのちのことば社の永倉恵子さん、いつも祈り、励ましてくださる、僕が通う教会の鹿毛《かげ》独歩《とくほ》牧師と教会の兄弟姉妹の皆様、そして妻に心からの感謝を申し上げます。

白黒からカラーに。あなたの人生に、彩りと希望が届けられますように。そして、未来の年をとったわが子どもたちと、まだ見ぬ孫たちへ。

二〇一六年九月

やまはなのりゆき

やまはなのりゆき

1964年北海道小樽市生まれ。22歳で漫画家デビュー。
代表作に『夢で逢えたら』『オレンジ屋根の小さな家』（集英社）ほか。現在、スクウェアエニックス社「ヤングガンガン」にて『聖樹《まさき》のパン』の原作を担当、連載中。

神様がくれた風景

2016年12月25日 発行

著　者　やまはなのりゆき
印刷製本　モリモト印刷株式会社
発　行　いのちのことば社
〒164-0001 東京都中野区中野2-1-5
編集 Tel.03-5341-6923 Fax. 03-5341-6925
営業 Tel.03-5341-6920 Fax. 03-5341-6921
Email:support@wlpm.or.jp
http://www.wlpm.or.jp/

落丁・乱丁はお取り替えいたします。
ISBN 978-4-264-03594-7